Postbefördernde Eisenbahnen unterbezahlt

Ausschuss für die Bezahlung der Eisenbahnpost

Writat

Diese Ausgabe erschien im Jahr 2023

ISBN: 9789358811513

Herausgegeben von
Writat
E-Mail: info@writat.com

Postbefördernde Eisenbahnen unterbezahlt

Eine Erklärung des Ausschusses für Railway Mail Pay, die 214.275 Eisenbahnmeilen in den Vereinigten Staaten repräsentiert, die von 268 Unternehmen betrieben werden, mit Fakten und Zahlen, die belegen, dass Railway Mail Pay nicht den Betriebskosten entspricht, die es erfordert, und keine Gegenleistung übrig lässt der Wert der Immobilie.

I. GELTUNGSBEREICH DIESER BROSCHÜRE.

Der Ausschuss für Eisenbahnpostentgelte vertritt die Eisenbahnen, deren Linien 92 Prozent umfassen. der Gesamtlänge aller Eisenbahnpoststrecken in den Vereinigten Staaten, ist der Ansicht, dass die Zahlungen an die Eisenbahnen für die von ihnen für das Postamt bereitgestellten Dienste und Einrichtungen seit langem ungerechtfertigt niedrig sind. Diese Broschüre enthält eine prägnante Darlegung der Tatsachen, die beweisen, dass diese Annahme gerechtfertigt ist, und im Übrigen eine Widerlegung der Schätzungen des Generalpostmeisters, die dem Kongress vorgelegt wurden (Repräsentantenhausdokument Nr. 105, 62. Kongress, 1 Sitzung), was ihn zu dem Schluss brachte, dass die Zahlungsgrundlage nun angemessen geändert werden könnte, um eine derzeitige Reduzierung um etwa zwanzig Prozent zu erreichen. Es wird gezeigt, dass die unzureichenden Daten und die fehlerhaften Methoden des Generalpostmeisters zwar dazu führten, dass er Kostenschätzungen für die Eisenbahnen vornahm, die weit unter den tatsächlichen Kosten lagen, seine eigenen Zahlen und Berechnungen jedoch, wenn sie richtig analysiert und ergänzt wurden, dies belegen dass der Postdienst für die Eisenbahnen nicht angemessen rentabel war.

Bevor wir mit dieser Demonstration fortfahren , sollte jedoch beachtet werden, dass:

II. Die Bezahlung der Eisenbahnpost wird bald noch weiter unter das Niveau einer gerechten Entschädigung gedrückt, es sei denn, die Zahlungen werden umgehend neu angepasst, und zwar aufgrund des zusätzlichen Postvolumens, das sich aus der Einweihung der Paketpost am 1. Januar 1913 ergeben wird.

Der Kongress hat für eine enorme und unkalkulierbare Ausweitung des Postverkehrs gesorgt, indem er am 1. Januar 1913 eine „Paketpost" eingerichtet hat, die den Postverkehr für viele Artikel öffnete, die zuvor in den Postämtern nicht angenommen wurden, und die Post erheblich reduzierte Die Tarife für den Versand von Waren werden voraussichtlich das Volumen der abgedeckten Sendungen enorm steigern. Die Regierung scheint davon ausgegangen zu sein, dass die Eisenbahnen aufgrund bestehender Verträge, die vor der Bedeutungserweiterung des Wortes „Post" geschlossen wurden, bis zum Auslaufen dieser Verträge gezwungen werden können, dieses große zusätzliche Volumen an Postverkehr OHNE zu befördern Entschädigung, was auch immer. Folgt man der früheren Praxis der Postabteilung, werden keine neuen Verträge bis nach den nächsten vierjährlichen Wägungen in jeder der vier Wiegeabteilungen abgeschlossen, so dass die Position der Regierung auf die Behauptung hinausläuft, dass das gesamte hinzugefügte Volumen der Pakete Postsendungen müssen vier Jahre und sechs Monate lang ohne jegliche Entschädigung von den Eisenbahnen Neuenglands befördert werden (diese Eisenbahnen befinden sich im ersten Wiegeabschnitt, aber das Wiegen für die am 1. Juli 1913 vorzunehmende Anpassung hat begonnen und). abgeschlossen sein wird, bevor die Paketpost eingeweiht wird), von denen des zweiten Wiegeabschnitts für drei Jahre und sechs Monate, von denen des dritten Wiegeabschnitts für zwei Jahre und sechs Monate, von denen des vierten Wiegeabschnitts für ein Jahr und sechs Monate, und für diejenigen der ersten Wiegeabteilung, die sich nicht in Neuengland befindet, sechs Monate lang. Keine Darstellung der Ungerechtigkeit der in früheren Jahren erhaltenen Postlöhne lässt auch nur annähernd das Ausmaß der Verluste erkennen, die den Eisenbahnen somit in den nächsten viereinhalb Jahren entstehen werden, sofern nicht umgehend Korrekturen aufgrund der Paketpost vorgenommen werden.

III. DIE FALSCHE BEHAUPTUNG DES POSTMASTER-GENERALS, DIE EISENBAHNEN WURDEN IM JAHR 1909 „ETWA 9.000.000,00 \$" ÜBERBEZAHLT, BERUHT VOR ALLEM AUF DER ANWENDUNG EINER BEISPIELLOSEN THEORIE, DIE NICHTS FÜR EINE RENDITE DES IN EISENBAHNIMMOBILIEN INVESTIERTEN KAPITALS ERLAUBT.

Der Generalpostmeister ging davon aus, dass die Eisenbahnen angemessen entschädigt würden, wenn sie einen Betrag in Höhe der auf die Postbeförderung entfallenden Betriebskosten und Steuern zuzüglich sechs Prozent erhielten. der Summe dieser Ausgaben und Steuern. Die Berechnung, mit der er den Betrag erhielt, der seiner Ansicht nach eine angemessene Entschädigung für den einzelnen von seiner Untersuchung erfassten Monat gewesen wäre, lautete wie folgt:

Seine Schätzung der Betriebskosten und Steuern für den Postdienst (Dokument Nr. 105, S. 280) für einen Monat	2.676.503,75 \$
Sechs Prozent. von oben	160.590,22
Insgesamt wird davon ausgegangen, dass es sich lediglich um eine Vergütung für einen Monat handelt	2.837.093,97 \$

Da die Eisenbahnen für den gewählten Monat 770.679,16 Dollar mehr als den aus der obigen Berechnung resultierenden Betrag erhalten hatten, ging der Generalpostmeister davon aus, dass dieser Überschuss über Ausgaben und Steuern plus sechs Prozent hinausgeht. stellte für diesen Monat einen übermäßigen Gewinn dar. Er multiplizierte diesen angenommenen Überschuss mit zwölf, um seine Schätzung des jährlichen Überschusses zu erhalten, und gab das Ergebnis in runden Zahlen mit „ungefähr 9.000.000 US-Dollar" an.

Die bloße Angabe dieser Methode offenbart die Tatsache, dass sie keine Rendite auf den beizulegenden Zeitwert des im Dienste der Öffentlichkeit eingesetzten Eisenbahneigentums berücksichtigt. Diese Unterlassung allein reicht völlig aus, um die Schlussfolgerung des Generalpostmeisters völlig zunichte zu machen. Jeder ist sich darüber im Klaren, dass eine Eisenbahn zumindest Anspruch auf eine angemessene Rendite für den Wert ihres Eigentums hat, das für den öffentlichen Dienst verwendet wird. Der Generalpostmeister ignorierte diesen allgemein anerkannten Grundsatz und übernahm eine Theorie, die, wenn sie auf das allgemeine Geschäft der Unternehmen angewendet würde, praktisch jede Eisenbahnmeile in den Vereinigten Staaten sofort und hoffnungslos bankrott machen würde. Der kürzlich veröffentlichte Bericht der Interstate Commerce Commission über die Eisenbahnstatistik des Jahres, das mit dem 30. Juni 1910 endete, enthält Daten, anhand derer diese Aussage leicht belegt werden kann:

Betriebskosten aller US-Eisenbahnen für das Jahr	1.822.630.433 $
Steuern aller Eisenbahnen der Vereinigten Staaten für das Jahr	103.795.701
	———
	—
Gesamt	1.926.426.134 $
Sechs Prozent. der oben genannten Summe	115.585.568
	———
	—
Gesamtbruttoeinnahmen, die im Plan des Generalpostmeisters zulässig sind	2.042.011.702 $

Aber wenn dieser Plan in Kraft gewesen wäre, hätten die Eisenbahnen für Zinsen auf Hypothekenanleihen einen angemessenen Überschuss als Sicherheitsmarge, Dividenden auf Aktien, unrentable, aber notwendige dauerhafte Verbesserungen, [A] Mieten für gepachtete Immobilien usw. gehabt . usw., nur die sechs Prozent. oder 115.585.568 $. Diese Zahl kann unter anderem mit Folgendem verglichen werden:

Zinsverpflichtungen (nur für finanzierte Schulden) aller US-Eisenbahnen für dasselbe Jahr	370.092.222 $
Vermietungen von gepachteten Immobilien, alle Eisenbahngesellschaften der Vereinigten Staaten, für dasselbe Jahr	133.881.409 $

Offensichtlich kommt der Vorschlag des Generalpostmeisters der Behauptung gleich, dass die Eisenbahnen einen fairen Gewinn erzielen würden, wenn sie zusätzlich zu ihren Betriebskosten und Steuern die Summe von 115.585.568 US-Dollar einziehen könnten, aber die von der Interstate Commerce Commission vorgelegten Zahlen zeigen dies Dies wäre weniger als ein Drittel des Betrags, der zur Deckung der Zinsaufwendungen erforderlich wäre, die zur Verhinderung von Zwangsvollstreckungen von

Hypotheken gezahlt werden müssten, und wäre, wenn Anleihezinsen außer Acht gelassen werden könnten, viel geringer als die Mieten, die bei den bestehenden Systemen gezahlt werden müssten dürfen nicht aufgelöst werden. Und natürlich würde es keinerlei legitime Einkommensansprüche für Dividenden, dauerhafte Verbesserungen oder Überschüsse zulassen.

Es ist unnötig, sich mit den Konsequenzen einer solchen Theorie der „Entschädigung" für die Kreditwürdigkeit der Eisenbahn und für das öffentliche Interesse an einem effizienten Transportdienst zu befassen, ganz zu schweigen von den Konsequenzen für die Eigentümer von Eisenbahnaktien und -anleihen. Eine solche Theorie ist keine Theorie der Entschädigung – sie ist eine Theorie der Unterdrückung und der Zerstörung.

Die Tatsache, dass der Generalpostmeister es für notwendig gehalten hat, seinen Angriff auf die gegenwärtige Grundlage der Bezahlung der Eisenbahnpost durch eine so beispiellose und prinzipiell und rechtlich so ungerechtfertigte Theorie zu rechtfertigen, stellt eine starke Vermutung gegen alle seine Meinungen und Schlussfolgerungen zu diesem Thema dar .

IV. Der von den Eisenbahnen bereitgestellte Postdienst kostet sie mehr an Betriebskosten und Steuern, als sie dafür bezahlt werden, und es bleibt nichts für die Rückgabe auf dem Grundstück übrig.

Es kann nicht genug betont werden, dass die Eisenbahnpostlöhne derzeit nicht ausreichen, um auch nur den angemessenen Anteil an Betriebskosten und Steuern zu decken, und dass sie keine Rendite auf die Immobilie bringen. Dies wird jede faire Untersuchung beweisen, wie nun gezeigt wird. Dem Generalpostmeister vorgelegte Berichte von Eisenbahnen, die 2.411 Poststrecken mit einer Gesamtlänge von 178.710 Meilen betreiben, zeigten, dass ihre Bruttoeinnahmen, pro Autofußmeile [B], aus den im November 1909 in Personenzügen erbrachten Dienstleistungen betrugen folgt:

Von der Post   3,23 Mio

Von anderen Diensten 4,35 Mio

also , dass der für die Post benötigte Platz in Personenzügen verhältnismäßig weniger als drei Viertel so produktiv ist wie der Platz für Passagiere, Express, Milch, Übergepäck usw. usw. Wie es die allgemeine Überzeugung von Eisenbahnmanagern ist, deren Schlussfolgerung in dieser Hinsicht selten oder nie in Frage gestellt wurde, dass die Personenzugdienste insgesamt keine ausreichenden Einnahmen erwirtschaften, um ihren gerechten Anteil an den Betriebskosten und die erforderliche Kapitalrendite zu decken, und daher keinen angemessenen Ausgleich darstellen, Es ist offensichtlich, dass der Postdienst, dessen Bezahlung mehr als fünfundzwanzig Prozent beträgt. unter dem Durchschnitt der anderen in denselben Zügen erbrachten Dienstleistungen liegt, muss deutlich weniger als eine angemessene Entschädigung einbringen. Sicherlich konnten die Eisenbahneinnahmen insgesamt nicht um 25 Prozent gesenkt werden. ohne die gesamte Rendite auf das Eigentum zu zerstören. Wenn ja, muss es wahr sein, dass es bei einem Postentgeltsatz von 25 Prozent keine Entschädigung geben kann. niedriger als der Lohnsatz für den Personenverkehr, der, wie oben gezeigt, relativ unrentabel ist.

Ein bloßer statistischer Vergleich kann jedoch nicht die ganze Geschichte aufdecken, denn die Eisenbahnen müssen viele Nebeneinrichtungen bereitstellen und viele zusätzliche Dienstleistungen für die Postverwaltung erbringen, was den Postdienst außerordentlich mühsam und kostspielig macht. Zu diesen Zusatzdiensten gehören das Anfordern und Zustellen von Post bei einem Großteil der Postämter in Eisenbahnstädten; Versorgung der Räume in Bahnhöfen mit Licht, Wärme und Wasser für die Postbeamten; Platzieren ordnungsgemäß beleuchteter und beheizter Waggons auf

Bahnhofsgleisen zur Vorverteilung, oft viele Stunden vor der Abfahrt der Züge; Beförderung von Beamten und Agenten des Postamts als Passagiere, jedoch ohne Entschädigung, im Umfang von mehr als 50.000.000 Passagiermeilen pro Jahr (dies gilt natürlich zusätzlich zu den diensthabenden Eisenbahnpostbeamten) usw. usw. Auszüge aus dem „Postgesetze und -vorschriften", die diese Dienste definieren und fordern, sind in Anhang A aufgeführt . Niemand kann diesen Anhang untersuchen, ohne davon überzeugt zu sein, dass der Postdienst der anspruchsvollste unter allen Diensten der amerikanischen Eisenbahnen ist.

Die Angemessenheit der Bezahlung der Eisenbahnpost kann auch überprüft werden, indem die Betriebskosten zwischen Personen- und Güterverkehr aufgeteilt werden und dann eine sekundäre Aufteilung der Passagierkosten zwischen Post und anderen in Personenzügen beförderten Verkehrsarten vorgenommen wird. Bei dieser Methode werden alle ausschließlich damit zusammenhängenden Kosten jeder Verkehrsart direkt in Rechnung gestellt und die Kosten, die für mehr als eine Verkehrsart gelten, auf einer gerechten Grundlage aufgeteilt.

Entsprechend der Bitte des Generalpostmeisters schätzten die Eisenbahnen die Kosten für die Durchführung des Postdienstes in der gerade erläuterten Weise und meldeten die Ergebnisse dem Generalpostmeister. Nachdem sie zunächst jedem Dienst die ihm vollständig zustehenden Kosten in Rechnung gestellt hatten, teilten sie die gemeinsamen Kosten zwischen dem Personen- und Güterverkehr auf und folgten dabei (mit unbedeutenden Ausnahmen) der zu diesem Zweck am häufigsten verwendeten Methode, nämlich der Aufteilung dieser Kosten im Verhältnis der Einnahmen aus der Zugmeilenzahl jedes Dienstes. Nachdem die Eisenbahnen auf diese Weise die den Personenzügen zuzurechnenden Betriebskosten geschätzt hatten, teilten sie den Postsendungen den Anteil dieser Summe zu, der sich aus dem Anteil des für die Postsendungen benötigten Gesamtraums der Personenzüge ergibt. Mit dieser Methode ermittelten und meldeten 186 Eisenbahngesellschaften, die 2.370 Poststrecken mit einer Gesamtlänge von 176.716 Meilen betreiben, dass sich die Betriebskosten (ohne Steuern) für die Durchführung des Postdienstes im November 1909 auf 4.009.184 US-Dollar beliefen. Der Generalpostmeister stellt fest (Dokument Nr. 105, Seite 281), dass alle im Vorstehenden vertretenen Eisenbahnen und genügend andere, um die dargestellte Kilometerleistung auf 194.978 Meilen zu erhöhen, für denselben Monat nur 3.607.773,13 US-Dollar erhalten haben. Es scheint daher, dass die Bezahlung weit unter den Betriebskosten lag, ohne Berücksichtigung von Steuern oder einer Rendite auf den beizulegenden Zeitwert der eingesetzten Immobilie.

Während zur Ermittlung der Kosten für den Personenzugverkehr unterschiedliche Methoden verwendet werden und die mit solchen

Methoden erzielten Ergebnisse erhebliche Unterschiede aufweisen können, liegt die Postvergütung im Hinblick auf die Kosten des Dienstes und die daraus resultierende Rendite bisher weit unter einer angemessenen Vergütung den Wert der Immobilie, dass keine Methode vernünftigerweise gefordert werden kann, die nicht den nicht kompensatorischen Charakter der vorliegenden Postzahlung belegen würde. Dies wird durch die Methode veranschaulicht, die der Generalpostmeister selbst anwandte, da diese Methode zwangsläufig zu den niedrigsten Kostenschätzungen für den Personenzugdienst führt.

Der Generalpostmeister gelangte durch seine Aufteilungsmethode zu Kosten in Höhe von	2.676.503,75 $
Dieser muss jedoch (wie weiter unten gezeigt wird, aufgrund seiner fehlerhaften Aufteilung des Wagenraums (Seite 10)) um erhöht werden	800.802,00
Und auch wegen seiner Weigerung, die direkt im Postdienst entstandenen Kosten abzurechnen (Seite 12)	401.126,00 [C]
Insgesamt, gemäß der Methode des Generalpostmeisters zur Kostenaufteilung zwischen Personen- und Güterverkehr	3.878.431,75 $

Selbst die Methode des Generalpostmeisters, die Kosten zwischen Güter- und Personenverkehr aufzuteilen, führt zu Betriebskosten, die über den Gesamtlohn der Eisenbahnen liegen, und lässt nichts übrig, was für eine Rendite auf den beizulegenden Zeitwert der Immobilie oder für notwendige, aber nicht einkommensbringende Verbesserungen übrig bleibt .

In keinem dieser Kostenvoranschläge ist das große Volumen an kostenlosen Beförderungen berücksichtigt, die den Beamten und Agenten des Postamts zur Verfügung gestellt werden, wenn sie nicht für die Post verantwortlich sind, obwohl sich diese auf über 50.000.000 Passagiermeilen pro Jahr belaufen Der niedrige Durchschnittspreis von zwei Cent pro Meile würde das Postamt mehr als 1.000.000 US-Dollar pro Jahr kosten.

Darüber hinaus beziehen sich alle hier besprochenen Zahlen, wie gleich gezeigt wird (Seiten 13-14), auf den Monat November, einen Monat, der aufgrund des ungewöhnlich niedrigen Verhältnisses von Personenverkehr zu Güterverkehr die Kosten für den Personenzug erheblich unterschätzt Dienstleistungen, wenn daraus abgeleitete Zahlen auf ein ganzes Jahr angewendet werden.

Somit wird deutlich, dass jede Untersuchung, die die notwendigen Umstände berücksichtigt, ergeben wird, dass die Vergütung für die Bahnpost zu niedrig ist. Nur wenn wesentliche Elemente der Dienstleistung und der Kosten sowie das grundlegende Element einer Rendite auf den Wert der Immobilie ignoriert werden, kann ein gegenteiliges Argument konstruiert werden.

Somit zahlt der Mailverkehr seine Betriebskosten nicht. Dieser Verkehr macht einen erheblichen Prozentsatz der gesamten öffentlichen Dienstleistung der Eisenbahnen aus. Es sollte einen erheblichen Anteil an den Steuern, die die Eisenbahnen zahlen müssen, und an der Rendite des Eisenbahneigentums, die seinen Eigentümern zusteht, beitragen. Offensichtlich kann keine faire Methode entwickelt werden, mit der nicht nachgewiesen werden kann, dass die bestehende Postvergütung weit unter einer angemessenen Ausgleichsbasis liegt. Sicherlich sollte dieser Zustand nicht durch die Hinzufügung der Ungerechtigkeit noch weiterer Kürzungen verschärft werden. Im Gegenteil: Die ungerechtfertigten Kürzungen der letzten Jahre sollten für die Zukunft korrigiert werden, und die Eisenbahnen sollten von den auffallend ungerechten Methoden befreit werden, mit denen ihnen derzeit eine auch nur annähernd gerechte Entschädigung vorenthalten wird.

V. DURCH DIE AUFTEILUNG DES PLATZES DES POSTMASTER-GENERALS ZWISCHEN DEM POSTDIENST UND DEN ANDEREN DIENSTLEISTUNGEN, DIE IN PERSONENZÜGEN ERBRACHT WERDEN, HAT DEN POSTSTELLEN NICHT DEN RAUM GEWÄHRT, DEN SIE TATSÄCHLICH BENÖTIGEN UND NUTZEN, UND DIES HAT ZUR FOLGE, DASS SEINE KOSTENSCHÄTZUNGEN FÜR DEN POSTMASTER-GENERAL übermäßig gesenkt wurden Eisenbahnen des Postdienstes.

Im Folgenden wird ausführlich auf die Methoden und die Kontrollwirkung der Aufteilung des Platzes im Personenzug durch den Generalpostmeister zwischen der Post und den anderen in Personenzügen erbrachten Diensten eingegangen. Eine solche Aufteilung war ein notwendiger Schritt in den in Dokument Nr. 105 dargelegten Berechnungen. Nachdem bestimmte Schätzungen der Kosten für den Personenzugdienst eingeholt und zusammen nach Methoden betrachtet wurden, die zu den niedrigsten Ergebnissen führten, wurde der nächste Schritt in Dokument Nr. 105 dargestellt bestand darin, einen Teil dieser Kosten auf den Postdienst umzulegen. Die akzeptierte Methode für eine solche Aufteilung besteht darin, die Gesamtkosten im Verhältnis zum Zugraum zu verteilen, der für die jeweiligen Dienste benötigt wird. Der Generalpostmeister holte sich von den Eisenbahnen Aussagen, die er bei der Anwendung dieser Methode hätte verwenden können, und diese Aussagen zeigten, dass 9,32 Prozent. des Gesamtraums in Personenzügen wurde von der Post beansprucht, aber anstatt die Daten zu verwenden, die diese Tatsache belegen, ersetzte er eigene Zahlen, die den dem Postdienst zugeschriebenen Raum auf 7,16 Prozent reduzierten. von allen. Die Gesamtkosten für den Personenzug, die nach Schätzungen des Generalpostmeisters auf der Grundlage der belegten Plätze auf Passagiere, Express und Post aufgeteilt werden sollten, beliefen sich auf 37.074.172 US-Dollar. [D] Er wies dem Postdienst daher 7,16 Prozent zu. des letztgenannten Betrags oder 2.654.510,69 $. Hätte er jedoch den Platzanteil von 9,32 Prozent genutzt, der sich aus den Berichten ergab, die er von den Eisenbahnen erhalten hatte, wäre der als Kosten für den Postdienst für den Monat angesetzte Betrag um 800.802 Dollar höher ausgefallen. Eine Multiplikation mit zwölf ergibt einen Anstieg der geschätzten jährlichen Kosten von über 9.600.000 US-Dollar.

So gelangte der Generalpostmeister zu seiner Erklärung, dass die Eisenbahnen durch zwei grundlegende Fehler einen Mehrgewinn von 9.000.000 US-Dollar erzielten, wobei er im vorliegenden Fall alle weiteren

Fehler wegließ. Er hat die jährlichen Postkosten und Steuern der Eisenbahnen um mindestens 9.600.000 US-Dollar zu niedrig angesetzt und die erforderliche Rendite auf den Wert des Eisenbahneigentums völlig außer Acht gelassen.

Diese Untersuchung seiner Methoden zeigt, dass die Bestimmung des Raums von primärer und kontrollierender Bedeutung war und dass die Änderungen in der Raumzuteilung den Wert seiner Schlussfolgerungen zerstört haben. Diese Änderungen waren darauf zurückzuführen, dass er sich weigerte, der Post den Arbeitsraum und den vorübergehend unbesetzten Raum in den Zügen zuzuweisen, die für den Postdienst notwendig waren, und dass er tatsächlich einen Großteil dieses Raums dem in denselben Zügen erbrachten Personenverkehr zuwies.

Es ist kaum notwendig zu beachten, dass alle Arten von Verkehr zusätzlich zu dem Raum, der tatsächlich vom Verkehr selbst eingenommen wird, „Arbeitsraum" benötigen, und dass dies insbesondere für den Postverkehr gilt oder für den Postverkehr, bei dem die Bewegung einer bestimmten Person vorherrscht Verkehr in eine Richtung muss aufgrund dieses Verkehrs in Zügen, die in Richtung mit geringerem Verkehr fahren, ein leerer Raum vorhanden sein, der manchmal als „toter" Raum bezeichnet wird. Daher müssen Personenkraftwagen über Gänge, Vorräume und Plattformen verfügen, und Postwagen müssen über viel Platz zum Sortieren der Post verfügen, während für in Gepäckwagen beförderte Post Platz vorhanden sein muss, um die Taschen zu erreichen und sie zu empfangen Liefere sie durch die Türen. Ein Durchgangszug muss außerdem über die volle Kapazität verfügen, die für den maximalen Verkehr jeglicher Art erforderlich ist, der auf jedem Teil seiner Reise eine Unterkunft sucht, obwohl der tatsächliche Verkehr während eines Großteils jeder Fahrt erheblich unter dieser Grenze liegen kann. Der Generalpostmeister weigerte sich jedoch, dem Postdienst einen Großteil des von der Abteilung benötigten Platzes zuzuschreiben, obwohl seine Zahlen für die anderen Personenzugdienste den gesamten von ihnen benötigten Platz vollständig berücksichtigten. Tatsächlich wurde in vielen Fällen der tatsächlich von der Post benötigte und daher von den Eisenbahnen gemeldete Platz vom gesamten Postraum abgezogen und ohne Angabe von Gründen dem Personenverkehr zugewiesen. Diese Änderungen der korrekt gemeldeten Daten, die keiner Rechtfertigung durch vernünftige Transportprinzipien würdig sind, wurden so weit geführt, dass die Tabellen des Postamtes, die für Eisenbahnpostrouten mit einer Gesamtlänge von 194.977,55 Meilen [E] angegeben sind, nur zeigen Im Postdienst wurden 926.164.459 „Autofußmeilen" zurückgelegt, obwohl bestimmte darin enthaltene Eisenbahnen, deren Eisenbahnpostrouten insgesamt nur 178.709,96 Meilen hatten, korrekt angegeben hatten, dass der Postraum 1.153.110.245 „Autofußmeilen" entsprach. Die Zahlen des Ministeriums decken also zwar 8,3 Prozent ab. Aufgrund der höheren Laufleistung führten die Platzeinsparungen dazu, dass dieser größeren Laufleistung etwa ein Viertel (24,5 Prozent) weniger Postraum zugewiesen wurde. Gleichzeitig vergrößerte das Ministerium tatsächlich den Raum, der den anderen Personenzugdiensten zugewiesen wurde. Die Zahlen zeigen, dass in diesen Diensten 12.014.065.506 Autofußmeilen für 194.977,55 Meilen Poststrecken verfügbar sind, was mit den von den Eisenbahnen gemeldeten 11.222.478.739 Autofußmeilen verglichen werden muss 178.709,96 Postmeilen.

Diese räumliche Behandlung der maßgeblichen Zahlen, ergänzt um die anderen Methodenfehler und Tatsachenauslassungen, die angeführt wurden oder noch angeführt werden, reichte völlig aus, um einen echten Verlust in einen scheinbaren Gewinn umzuwandeln.

VI. DER POSTMASTER-GENERAL IGNORIERTE DIE VON IHM ERHALTENEN DATEN, aus denen hervorgeht, dass die Ausgaben für die Postsendungen weit über die von ihm gemeldeten direkten Ausgaben für diesen Dienst hinausgingen.

Im Rahmen der in Dokument Nr. 105 beschriebenen Untersuchung erhielt der Generalpostmeister von den Eisenbahnen Abrechnungen über die Beträge, die sie für die von seiner Abteilung benötigten Bahnhofs- und Terminaldienste aufgewendet haben, sowie über den Umfang der auf seine Anforderung hin bereitgestellten kostenlosen Transportmittel für Beamte und Beamte Agenten des Postdienstes, wenn sie nicht für die Post zuständig sind. Diese Daten wurden nicht verwendet (Dokument Nr. 105, S. 6) und da für diese Ausgaben keine angemessene Vergütung auf andere Weise gewährt wurde, reduzierte die Unterlassung zu Unrecht die Kostenschätzungen für die Eisenbahnen für ihre Postdienste. Die Erklärung des Generalpostmeisters für dieses Versäumnis impliziert, dass es teilweise dadurch ausgeglichen wurde, dass der Anteil aller Stations- und Terminalkosten des Personenzugdienstes als Kosten für den Postdienst zugewiesen wurde, diese besonderen Postkosten sind jedoch unverhältnismäßig hoch schwer und der zugewiesene Betrag war viel zu niedrig. Die Ausgaben für Stations- und Terminaldienste, die im November 1909 insbesondere für die Post anfielen und dem Generalpostmeister gemeldet wurden, beliefen sich auf 92 Prozent. der durch Dokument Nr. 105 abgedeckten Kilometer beliefen sich auf insgesamt 401.136,00 USD, wie folgt:

Höhe des Lohns, der an Boten und Träger gezahlt wird, die ausschließlich mit der Postbearbeitung beschäftigt sind	79.980,84 $
Der ordnungsgemäß dem Postdienst zuzurechnende Teil des Lohns, der an Bahnhofsmitarbeiter gezahlt wird, deren Zeit für die Bearbeitung von Postsendungen aufgewendet wird, wird auf der Grundlage der tatsächlich geleisteten Arbeitszeit anteilig berechnet	198.927,01
Betrag, der für die Instandhaltung von Pferden und Wagen sowie für die Fähre usw. im Zusammenhang mit dem Postdienst aufgewendet wird	5.640,98
Mietwert zuzüglich durchschnittlicher monatlicher Kosten für Licht und Heizung für einen oder mehrere Räume, die	37.258,93

ausschließlich für die Nutzung des Postdienstes vorgesehen
sind

Mietwert der täglich belegten Gleise für die Vorverteilung der Post	47.029,12
Durchschnittliche monatliche Kosten für Licht und Heizung für Postautos, die täglich für die Vorverteilung der Post aufgestellt werden	18.400,57
Zinsen in gesetzlicher Höhe auf den Wert der für den Postdienst benötigten Kräne, Krane und Lastwagen	3.895,36
Gesamt	401.126,00 $ [F]

Alle oben genannten Daten wurden dem Generalpostmeister auf seine Anfrage hin mitgeteilt, er machte jedoch keinen Gebrauch davon, eine Unterlassung, die den Eisenbahnen offensichtlich erhebliche Nachteile bereitete und dazu führte, dass seine Kostenschätzungen für die Post unangemessen gesenkt wurden Service.

Ebenso versäumte es der Generalpostmeister, die Daten zu verwenden, die er von den Eisenbahnen erhalten hatte und die den Umfang der kostenlosen Personenbeförderung belegen, wie bereits erwähnt, und die er den Beamten und Beauftragten des Postamts übermittelt hatte, und seine Schätzungen enthalten keine Anerkennung der Kosten dafür Dieser Dienst wird jedoch nur auf Anforderung bereitgestellt, obwohl sein Umfang in der Abteilung aktenkundig gemacht werden sollte. Der von diesen Vertretern des Postamtes frei reisende Platz in den Reisezugwagen wurde nicht dem Postdienst zugeteilt, sondern als Fahrgastraum behandelt.

VII. Der Monat November ist in keinem Eisenbahnjahr ein fairer Durchschnittsmonat und auch kein typischer Monat für das Geschäftsjahr eines Jahres, und seine Verwendung als alleinige Grundlage für die Berechnungen des Generalpostmeisters war für die Eisenbahnen so ungünstig, dass die Ergebnisse jeglichen Wert verloren AUCH WENN SEINE METHODEN IN ALLER ANDEREN HINSICHTEN JENSEITS DER KRITIK WAREN.

Alle Berechnungen des Generalpostmeisters, die in Dokument Nr. 105 aufgeführt sind und auf die er sich darin und anderswo stützt, um seinen Angriff auf die bestehenden Eisenbahnpostlöhne zu untermauern, beruhen ausschließlich auf Daten für den einzelnen Monat November des Jahres 1909. Es liegt daher auf der Hand, dass die Gültigkeit seiner Schlussfolgerungen, wenn alle übrigen Prozesse korrekt und seine Schlussfolgerungen ansonsten fundiert wären, davon abhängen würde, ob der November ausreichend typisch für das Eisenbahnjahr ist, um sicher als einzige Grundlage für Schlussfolgerungen verwendet zu werden gilt für ein ganzes Jahr. Die Wahrheit ist jedoch, dass der November kein typischer oder durchschnittlicher Monat ist und dass alle seine Abweichungen von den Durchschnittswerten des Jahres das vom Generalpostmeister angestrebte Ergebnis erheblich begünstigen.

Es kann durchaus bezweifelt werden, ob es im Eisenbahnjahr einen Monat gibt, der mit Recht als typisch für die gesamte Periode angesehen werden kann, aber wenn ja, dann ist es der Monat November mit vier Sonntagen, zwei Feiertagen und nur vierundzwanzig Arbeitstagen sicherlich nicht So ein Monat. Die Interstate Commerce Commission veröffentlicht die monatlichen Aggregate der Eisenbahneinnahmen und diese offiziellen Daten beweisen schlüssig, dass der November 1909 der Monat war, für den die Daten am stärksten darauf hinwiesen, nach der Methode des Generalpostmeisters ungewöhnlich niedrige scheinbare Kosten zu ermitteln für den Personenzugverkehr und damit auch für den Postdienst.

Es ist ein Monat, in dem in weiten Teilen des Landes weitgehend winterliche Bedingungen herrschen und aus diesem Grund ein Großteil der normalen Arbeiten zur Instandhaltung von Wegen und Bauwerken ausgesetzt werden muss. Solche Arbeiten verursachen einen großen Teil der jährlichen Kosten aller Eisenbahnen, und diese Kosten beziehen sich zu einem relativ großen Teil auf den Personenverkehr, da die höhere Geschwindigkeit der Personenzüge zu einem größeren relativen Verschleiß des Straßenbetts und der Bauwerke führt als der, der durch verursacht wird Die langsameren Züge des Güterverkehrs und die Anforderungen an die Sicherheit der mit hoher

Geschwindigkeit beförderten Passagiere erfordern kostspieligere Wartungsstandards, als dies sonst erforderlich wäre. Folglich kann ein Monat, in dem diese Wartungskosten zwangsläufig unter dem Jahresdurchschnitt liegen, nicht die vollen jährlichen Kosten für den Personenzugverkehr darstellen. Abbildungen, die den Sachverhalt darstellen, sind in Anhang B enthalten .

Es versteht sich natürlich, dass die jeweiligen Kosten für den Personen- und Güterverkehr mit den Schwankungen im Volumen der einzelnen Verkehrsarten steigen und fallen müssen. Kein Monat kann eine verlässliche Grundlage für die Schätzung des Anteils des Personenverkehrs an den Gesamtkosten liefern, es sei denn, in diesem Monat steht das Volumen des Personenverkehrs in einem normalen Verhältnis zum Volumen des Güterverkehrs. Aber im November 1909 lag der Personenverkehr, gemessen an den daraus erzielten Einnahmen, wie aus den offiziellen Zahlen für jeden Monat des Jahres in Anhang C hervorgeht, weit unter dem Durchschnittsmonat des Jahres, während der Güterverkehr weit über dem Durchschnitt lag. Die November-Einnahmen der Passagiere beliefen sich lediglich auf 21,5 Prozent. der Gesamteinnahmen, das niedrigste Verhältnis, das für einen beliebigen Monat im Jahr angezeigt wird. Natürlich wurden unter diesen Bedingungen die Passagierkosten gesenkt und die Frachtkosten relativ erhöht. Sicherlich könnte die Verwendung von Daten, die sich aus diesen abnormalen Beziehungen ergeben, unmöglich zu Ergebnissen führen, die einigermaßen typisch für einen normalen Zeitraum, also ein ganzes Jahr, sind. Die so erzielten Ergebnisse müssen die scheinbaren Kosten des Personenzugverkehrs um genau so viel unter die tatsächlichen Kosten gesenkt haben, wie die Zahlen für November unter den Durchschnittswerten des Jahres lagen.

Diese Überlegungen belegen voll und ganz die Wahrheit, dass, wenn jedes andere Merkmal des Dokuments Nr. 105 absolut unkritikwürdig wäre, die Tatsache, dass es vollständig auf Schätzungen beruht, die auf Daten für den einzelnen Monat November basieren, seine Schlussfolgerungen illusorisch, irreführend und ernsthaft nachteilig machen würde die Eisenbahnen.

VIII. EINE KOMMISSION AUS SENATOREN UND KONGRESSMITGLIEDERN, DIE ZWISCHEN 1898 UND 1901 DAS THEMA VOLLSTÄNDIG UND SORGFÄLTIG UNTERSUCHTE, FESTSTELLTE UND ERKLÄRTE, DASS DIE EISENBAHNPOSTGEBÜHREN Damals NICHT ÜBERMÄSSIG WAREN; Seitdem kam es zu zahlreichen und weitreichenden Lohnkürzungen, die mit erheblichen Kosten- und Wertsteigerungen der von den Eisenbahnen erbrachten Leistungen einhergingen .

Die Gemeinsame Kommission des Kongresses zur Untersuchung des Postdienstes, die am 14. Januar 1901 Bericht erstattete, ist der Beweis dafür, dass die Bezahlung der Eisenbahnpost zu dieser Zeit nicht übermäßig hoch war. Senator William B. Allison aus Iowa; Senator Edward S. Wolcott aus Colorado; Senator Thomas S. Martin aus Virginia; Vertreter Eugene F. Loud aus Kalifornien; Der Vertreter WH Moody aus Massachusetts und der Vertreter TC Catchings aus Mississippi, sechs der acht Mitglieder der Kommission, einigten sich dann wie folgt:

„Nach sorgfältiger Prüfung aller Beweise und der vorgebrachten Erklärungen und Argumente und in Anbetracht aller von den Eisenbahnen erbrachten Leistungen sind wir der Meinung, dass ‚die jetzt an die Eisenbahngesellschaften für den Transport der Post gezahlten Preise‘ sind nicht übertrieben und empfehlen, zum jetzigen Zeitpunkt keine Reduzierung vorzunehmen." Zweiundfünfzigster Kongress, Zweite Sitzung, Senatsdokument Nr. 89, S. 19, 22, 25, 29.

Seit die Kommission Bericht erstattet hat, sind das Volumen der amerikanischen Post, die Einnahmen des amerikanischen Postdienstes und seine Anforderungen an die Eisenbahnen an Dienstleistungen und Einrichtungen stark gestiegen. Auch die Kosten für die Bereitstellung des Schienenverkehrs sind stark gestiegen. Die erforderlichen Kosten für Eisenbahneigentum pro Dienstleistungseinheit sind gestiegen, und infolgedessen ist der Betrag, der als angemessene Rendite dafür erforderlich ist, aufgrund höherer Löhne und Preise, der höheren geforderten Dienstleistungsstandards und des höheren Wertes der für die Erweiterung erforderlichen Immobilien gestiegen und notwendigen Terminalanlagen. Die Betriebskosten sind aufgrund der wiederholten Erhöhung der Löhne für Mitarbeiter aller Besoldungsgruppen und der gestiegenen Preise für Materialien und Betriebsstoffe gestiegen. Die Steuern sind aufgrund der rasch zunehmenden Forderungen der Landes- und Kommunalverwaltungen und der Einführung einer völlig neuen bundesstaatlichen Körperschaftssteuer gestiegen. [G] Doch während dieser Zeit der rasch steigenden Eisenbahnkosten und trotz der Tatsache, dass die Eisenbahnpostlöhne zu Beginn nicht übermäßig hoch waren, wurden die Vergütungssätze für Eisenbahnpostdienste von beiden Seiten wiederholt und drastisch gesenkt durch gesetzgeberische Maßnahmen und durch behördliche Anordnungen. Diese Kürzungen haben die eher zweifelhaften Vorteile, die die Eisenbahnen vermutlich aus dem gestiegenen Postverkehrsvolumen gezogen hatten, so weit mehr als wettgemacht, dass sie ihren Postdienst im Jahr 1912 unrentabler als je zuvor fanden. Die folgende Tabelle zeigt die Fakten:

Fiskaljahr	Gesamtlohn für die Bahnpost	Durchschnittlicher Bahnpostlohn pro 100,00 US - Dollar Postquittungen.
1901	38.158.969 $	34,18 $
1904	43.971.848	30.62
1907	49.758.071	27.10
1910	49.405.311	22.04
1911	50.583.123	21.26

Aus dem Vorstehenden geht hervor, dass das Postamt im Jahr 1901 34,18 US-Dollar für den Eisenbahntransport ausgab, um 100,00 US-Dollar brutto zu verdienen, und dass diese Ausgaben bis 1911 um 37,8 Prozent gesenkt worden waren. auf 21,26 $.

Diese bemerkenswerte Reduzierung war (erstens) die Folge der Anwendung des Gesetzes zur Festsetzung der Postgebühren, wonach die durchschnittliche Zahlung pro Leistungseinheit mit zunehmendem Postvolumen abnimmt; (zweiter) der Gesetze des Kongresses vom 2. März 1907 und 12. Mai 1910 und (dritter) der vom Postamt vorgenommenen Verwaltungsänderungen, die die von den Eisenbahnen geforderten Dienstleistungen beeinträchtigen oder die Erbringung dieser Dienstleistungen ermöglichen zu jedem geringeren Preis, reduzierte sich die Zahlung dafür erheblich. Die wichtigste dieser Verwaltungsänderungen war die als „Divisor"-Verordnung bekannte Anordnung des Generalpostmeisters (Nr. 412 vom 7. Juni 1907, die die Verordnung Nr. 165 vom 2. März 1907 ersetzte), mit der die Grundlage für die Berechnung der jährlichen Transportzahlungen radikal gesenkt wurde . Es wurde keine offizielle Schätzung der Kürzung der jährlichen Gesamtzahlung vorgenommen, die sich aus der Anwendung des Gesetzes zur Festlegung des Zahlungssystems ergibt, aber das Ministerium hat von Zeit zu Zeit Schätzungen der ansonsten vorgenommenen Kürzungen veröffentlicht. Keine dieser Schätzungen ist jetzt aktuell, und um sie mit dem aktuellen Postvolumen vergleichbar zu machen, wären erhebliche Steigerungen erforderlich. Im Folgenden wird jedoch angegeben, dass sie einen Betrag darstellen, der deutlich unter der geringstmöglichen Angabe der gesamten derzeitigen jährlichen Reduzierung liegt.

Ursache der Reduzierung	Höhe der jährlichen Kürzung.
Natürliche Wirkungsweise des Gesetzes	Keine Schätzung.
Gesetze vom 2. März 1907 und 12. Mai 1910	2.723.658,90 $
Entzug des Entgelts für besondere Einrichtungen	167.005,00
Teilungsbefehl des Generalpostmeisters	4.941.940,34
Weitere administrative Änderungen	699.544,51
Gesamt (ohne Berücksichtigung des ersten Punktes oben)	8.532.148,75 $

Niemand wird einen Moment lang behaupten, dass es seit 1901, dem Jahr, in dem der Bericht der Gemeinsamen Kommission zur Untersuchung des Postdienstes erstellt wurde, zu einer Nettosenkung der Kosten für die Bereitstellung von Eisenbahnpostdiensten und -einrichtungen gekommen ist. Tatsächlich verliefen alle Änderungen bei den Betriebskosten der Eisenbahn, mit Ausnahme derjenigen, die auf eine effizientere Organisation und Verwaltung zurückzuführen sind und im Zusammenhang mit dem Postverkehr kaum oder gar keine Auswirkungen haben können, in die entgegengesetzte Richtung. In den Jahren, die durch diese Kürzungen gekennzeichnet waren, waren die Eisenbahnen aufgefordert, den Charakter ihres Postdienstes kontinuierlich zu verbessern, und das Postamt wird nicht leugnen, dass die Eisenbahnen jetzt bessere, häufigere und schnellere Postdienste anbieten als 1901. oder irgendein dazwischen liegendes Jahr, und tun dies mit erheblich höheren Kosten für sich selbst.

Angesichts dieser fundierten Fakten sind die drastischen Kürzungen der letzten Jahre ein unwiderleglicher Beweis dafür, dass die Bezahlung der Bahnpost inzwischen zu niedrig ist.

IX. DIE VERWALTUNG DER POSTABTEILUNG HAT IN DEN LETZTEN ZWÖLF JAHREN KEINE REDUZIERUNG DER JÄHRLICHEN GESAMTAUSGABEN FÜR ANDERE ZWECKE ALS DEN EISENBAHNVERKEHR ODER DES ANTEILS IHRER EINNAHMEN, DER FÜR DIESE ANDEREN AUSGABEN ERFORDERLICH IST, SONDERN DIE GESAMTE EINSPARUNG ERFOLGT HAT DAS JÄHRLICHE DEFIZIT DER ABTEILUNG FAST BESEITIGT, DAS SICH DURCH DIE REDUZIERTEN ZAHLUNGEN PRO LEISTUNGSEINHEIT AN DIE EISENBAHN DARSTELLT.

Dass die jüngsten Einsparungen der Post ausschließlich zu Lasten der Eisenbahnen gingen, zeigt Folgendes:

	1901.	1911.
Postbruttoeinnahmen	111.631.193 $	237.879.823 $
Postgebühren für alle Zwecke;		
Gesamt	115.554.921 $	238.507.669 $
Prozent. der Bruttoeinnahmen	103,5	100,3
Bezahlung der Bahnpost;		
Gesamt	38.158.969 $	50.583.123 $
Prozent. der Bruttoeinnahmen	34.2	21.3
Postkosten außer Bahnpost;		
Gesamt	77.395.952 $	187.924.546 $
Prozent. der Bruttoeinnahmen	69,3	79,0

Diese Tabelle zeigt, dass das Postamt in den zehn Jahren von 1901 bis 1911 sein Betriebsverhältnis zwischen seinen Gesamtausgaben und seinen Bruttoeinnahmen von 103,5 Prozent reduzierte. auf 100,3 Prozent, was einer Reduzierung um 3,2 Punkte entspricht; es zeigt aber auch, dass diese Verbesserung ausschließlich auf die Tatsache zurückzuführen war, dass das Verhältnis der Lohnausgaben für die Bahnpost zu den Bruttoeinnahmen von 34,2 Prozent verringert wurde. auf 21,3 Prozent, ein Rückgang um 12,9

Prozentpunkte, während das Verhältnis aller anderen Ausgaben zu den Bruttoeinnahmen von 69,3 Prozent stieg. auf 79 Prozent, ein Plus von 9,7 Punkten. Die Verbesserung des Verhältnisses aller Ausgaben um 3,2 Prozentpunkte war also ausschließlich auf die stark gesunkene Quote der Eisenbahnpostlöhne zurückzuführen, wobei der starke Rückgang in dieser Hinsicht den sehr erheblichen Anstieg des Verhältnisses aller anderen Ausgaben um 3,2 Punkte übertraf.

In den zehn Jahren von 1901 bis 1911 verzeichnete die Abteilung eine enorme Geschäftsausweitung bei stark gesunkenen Kosten für den Schienentransport und bei stark gestiegenen Kosten für andere Zwecke. Es kostete das Ministerium für andere Zwecke als den Eisenbahntransport fast neun Zehntel von 126.248.630 US-Dollar, diesen Betrag zu seinen Bruttoeinnahmen hinzuzufügen (obwohl es für diese anderen Zwecke zuvor weniger als sieben Zehntel seiner Bruttoeinnahmen ausgegeben hatte), während es weniger benötigte mehr als ein Zehntel der gleichen Summe, um die zusätzlichen Eisenbahntransporte zu finanzieren, die das neue Unternehmen benötigte (obwohl zu Beginn der Periode der Eisenbahntransport mehr als ein Drittel der Bruttoeinnahmen gekostet hatte). Dieser verblüffende Vergleich rechtfertigt voll und ganz die Schlussfolgerung, dass die Macht des Kongresses und des Ministeriums genutzt wurde, um den Eisenbahnen durch Kürzung der Zahlungen für ihre Dienstleistungen nicht nur die Last der Bemühungen zur Beseitigung des jährlichen Postdefizits aufzuzwingen, sondern auch die einer erheblichen Erhöhung des Postdefizits andere Formen der Postausgaben. Kein Hinweis auf die kostenlose Zustellung im ländlichen Raum wird dazu dienen, die Schlussfolgerung dieses Vergleichs zu erklären, zumal nur ein Bruchteil der Kosten dieses Dienstes tatsächlich einen zusätzlichen Nettoaufwand darstellt. Dieser Dienst ermöglichte eine Reduzierung der Zahl der Postämter um ein Drittel und ersetzte in vielen Fällen den Star-Route-Dienst. Die dadurch ermöglichten Einsparungen sollten ihm gutgeschrieben werden, bevor die Kosten ermittelt werden.

Dass zwischen 1901 und 1911 eine Erhöhung der Postausgaben notwendig war, wird nicht bestritten. Es war eine Zeit, in der ein stetiger und umfassender Anstieg der Lebenshaltungskosten erhebliche Erhöhungen der Gehälter der Postangestellten und der Kosten für Postlieferungen erforderlich machte, genau wie die Eisenbahnen gezwungen waren, die Gehälter und Löhne ihrer Angestellten zu erhöhen und dies auch taten gezwungen, höhere Preise für ihre Lieferungen zu zahlen. Mit anderen Worten: Die Kaufkraft des amerikanischen Dollars und der gesamten Währung nahm stark ab, und dieser Rückgang wirkte sich auf das Postamt aus, ebenso wie auf jedes andere Unternehmen. Aber die Kaufkraft des

Eisenbahndollars verringerte sich genauso wie die aller anderen Dollars, und es war unvernünftig und ungerecht, dass während dieser Änderung die Verluste, die sie mit sich brachte, auf den Postdienst der Regierung abgewälzt werden sollten, wie es geschehen ist Es zeigte sich, dass dies für die Eisenbahnen der Fall war, die gleichzeitig aus derselben Ursache weitaus größere Verluste erlitten.

X. Die andauernde Weigerung des Postamts, eine Nachverwiegung der Post anzuordnen, außer nach dem gesetzlich zulässigen Höchstintervall von vier Jahren, die Forderungen nach Bahnhofs- und Terminaldiensten, die ohne oder ohne angemessene Entschädigung erbracht werden, und die ungerechtfertigte Diskriminierung Abteilwagen, die als Postämter der Eisenbahn genutzt werden, sind allesamt Missbräuche, die den Eisenbahnen ernsthaft schaden, die im Rahmen des gegenwärtigen Zahlungssystems entstanden sind und sofort behoben werden sollten.

Zusätzlich zu den Unzulänglichkeiten bei den im vorliegenden Gesetz vorgesehenen Lohnsätzen, die zu Zahlungen führen, die keinen Restbetrag für Steuern oder Vermögenserträge hinterlassen und in der Tat nicht einmal die Betriebskosten decken, haben sich bestimmte Bedingungen herausgebildet die Anwendung der bestehenden Lohngrundlage, die korrigiert werden sollte. Dies ist insbesondere angesichts der hier gezeigten Tendenz der Postverwaltung erforderlich, das System so anzuwenden, dass ihre Kosten für den Eisenbahntransport gesenkt werden, und diesen Posten als Haupt- oder einzige Einnahmequelle zu betrachten.

Das für jede Eisenbahnstrecke erhaltene Transportentgelt wird nach der Praxis des Ministeriums für einen Zeitraum von vier Jahren auf der Grundlage des durchschnittlichen täglichen Gewichts bestimmt, das während eines Zeitraums von etwa drei Monaten vor Beginn des Zeitraums befördert wurde es ist repariert. Somit hält die Regierung laut Gesetz an dem Grundsatz fest, dass das Gewicht die Grundlage für die Zahlung sein sollte, verneint jedoch durch eine inkonsistente Praxis diesen Grundsatz und schafft eine Bedingung, unter der praktisch sicher ist, dass das tatsächlich beförderte Gewicht wesentlich davon abweichen wird vom bezahlten Gewicht. Der Kongress hatte sicherlich nie die Absicht, dieses Ergebnis für die Bestimmung des Gesetzes festzulegen, sondern lediglich, dass die Post „nicht seltener" als einmal in vier Jahren gewogen werden soll, und impliziert eindeutig die Absicht, dass sie immer dann gewogen werden sollte, wenn sich das Volumen erheblich verändert hat geschehen. Aber das Postamt kontrolliert, vorbehaltlich der gesetzlichen Bestimmungen, die Häufigkeit der Wiegungen und strebt selbstverständlich solche Senkungen seiner Ausgaben an, die ohne Verluste irgendwo anders als bei den Eisenbahneinnahmen erzielt werden können. Folglich hat es schon vor langer Zeit aufgehört, neue Wiegungen anzuordnen , es sei denn, es sei aufgrund des Ablaufs der gesetzlichen Frist dazu gezwungen. So kommt es, dass die Eisenbahnen zwar auf der Grundlage eines bestimmten durchschnittlichen Tagesgewichts bezahlt werden, sie jedoch häufig ein viel größeres Gewicht befördern und keinerlei Entschädigung für die Gewichtszunahme erhalten. In anderen Fällen geht der Wandel in die entgegengesetzte Richtung, aber angesichts der wachsenden Bevölkerung und des Wohlstands des Landes ist es offensichtlich, dass die meisten dieser Veränderungen den Eisenbahnen schaden müssen. Das so in jeden Vertrag eingeführte Element der Unsicherheit ist jedoch ungeschäftlich und sollte aus Gründen der Fairness gegenüber beiden Parteien beseitigt werden. Keine Eisenbahn würde einen Vierjahresvertrag abschließen, um für einen bestimmten Betrag die unbegrenzte Produktion einer Produktionsanlage zu transportieren, und wenn sie dies versuchen würde, wäre der Vertrag nach dem zwischenstaatlichen Handelsgesetz ungültig. Die Bedingungen der Postverträge werden im Wesentlichen vom Generalpostmeister und vom Kongress diktiert, und dieser sollte, um sowohl den Eisenbahnen als auch der Regierung gerecht zu werden, von ersteren die Durchführung jährlicher Abwägungen verlangen, um die in vorgesehene Zahlungsregelung einzuhalten Das Gesetz kann fair und genau angewendet werden.

Die Eisenbahnen sind verpflichtet, die Post zwischen ihren Bahnhöfen und allen Postämtern zu befördern, die nicht mehr als eine Viertelmeile von ihnen entfernt sind, und nach Wahl des Postamts ähnliche Transfers an Terminals durchzuführen. Für erstere wird keine Entschädigung gewährt, für letztere sind die Entschädigungen unzureichend. Es gibt zahlreiche Fälle, in denen diese Zusatzleistungen seitens der betroffenen Bahnen Ausgaben erfordern, die die Gesamtvergütung der Poststrecken, auf denen sie anfallen, übersteigen. Der Umfang dieser Anforderungen in bestimmten Fällen unterliegt weitgehend dem Willen des Ministeriums und dies führt zu unangemessenen Unsicherheiten darüber, was während der Laufzeit eines Vertrags verlangt werden kann. Die Zahlungsgrundlage sieht solche Dienstleistungen eindeutig nicht vor, sie sind ein Überbleibsel aus der Zeit, als die Post mit Postkutschen befördert wurde, die diese Entfernungen leicht von ihren gewöhnlichen Routen abweichen konnten, und es ist klar, dass die Regierung diese Leistungen erbringen sollte die Leistungen selbst in Anspruch nehmen oder die Bahnen dafür angemessen entschädigen.

Ein Großteil der von der Eisenbahn beförderten Post wird in Waggons transportiert, die speziell als Wanderpostämter ausgestattet sind, damit sie von Postbeamten begleitet werden können, die auf der Reise genau die Arbeit verrichten, die sie sonst in örtlichen Postämtern verrichten würden. Solche Gebrauchtwagen können nur leicht beladen sein und sind kostspielig in der Beschaffung, Ausrüstung, Wartung und dem Transport. Ihr Einsatz hat die Effizienz des Postdienstes erheblich gesteigert und die Bearbeitung der Post erheblich beschleunigt. Als dieser Dienst noch in den Kinderschuhen steckte, sah der Kongress zusätzliche Zahlungen für die benötigten vollständigen Wagen vor, aber als die Praxis eingeführt wurde,

Teile von Wagen für denselben identischen Zweck zu verlangen, war keine Bestimmung für die Bezahlung dieser Wagen vorgesehen, und diese Bedingung wurde nie korrigiert. Sogar im Dokument Nr. 105 wird die Ungerechtigkeit dieser Situation anerkannt (Seite 3) und der Generalpostmeister behauptet, dass es sich um eine rein willkürliche Diskriminierung ohne logische Grundlage handelt. Natürlich sollte eine angemessene Vergütung für Wohnwagen gewährt werden.

XI. Der vom Generalpostmeister vorgeschlagene Zahlungsplan basiert auf Betriebskosten und Steuern, die von der Postabteilung zu ermitteln sind, zuzüglich sechs Prozent. IST IM PRINZIP ERNSTHAFT FALSCH UND WÜRDE UNGERECHTIGKEIT FÖRDERN UND AUFBEWAHREN.

Die vorstehende Erörterung verdeutlicht den Fehler und die Ungerechtigkeit im Vorschlag des Generalpostmeisters, die Eisenbahnen für die Beförderung der Post auf der Grundlage der Rückerstattung der von der Postabteilung festgestellten Betriebskosten und Steuern zu bezahlen, die auf die Beförderung der Post zurückzuführen sind Mails plus sechs Prozent. der Summe dieser Ausgaben und Steuern.

Die Erörterung unter Abschnitt III oben zeigt, dass der Plan jegliche Erstattung einer Rendite auf das Grundstück außer Acht lässt und die allgemein anerkannten Rechte der Eisenbahnunternehmen zerstören würde.

Darüber hinaus ist ein solcher Plan grundsätzlich falsch, da er beinhaltet, die höchsten Tarife an die Eisenbahn zu zahlen, die aufgrund von körperlichen Behinderungen oder ineffizienten Methoden am teuersten betrieben wird, und die niedrigsten Tarife an die Bahn zu zahlen, die aufgrund der höchsten Effizienz am meisten verkehrt geringste Kosten. Die überlegene Betriebseffizienz einer Eisenbahn ist häufig auf außergewöhnlich hohe Investitionsausgaben zurückzuführen, um niedrige Steigungen, zwei, drei oder vier Hauptgleise zu erhalten und in anderer Hinsicht das Straßenbett und die Gleise so zu verbessern, dass Züge mit den geringsten Kosten befördert werden können. Eine solche Eisenbahngesellschaft benötigt und hat Anspruch auf ausreichende Nettoeinnahmen, um auf den durch diese Ausgaben bedingten Mehrwert eine angemessene Rendite zahlen zu können. Aber nach dem Plan des Generalpostmeisters würde eine Eisenbahn für alle Investitionsausgaben bestraft, die sie zur Senkung ihrer Betriebskosten tätigt, denn je mehr sie ihre Betriebskosten senkte, desto stärker würde sie ihre Postlöhne senken.

Die Ermittlung der Kosten, die einer Eisenbahn durch die Durchführung des Postdienstes entstehen, ist zwangsläufig weitgehend eine Frage des Ermessens und der Meinung, da ein großer Teil der gesamten Betriebskosten für den Güter- und Personenverkehr anfällt und nur annähernd aufgeteilt werden kann. Bei der Festlegung dieser Aufteilung besteht ein sehr großer Ermessensspielraum. Es wäre weder richtig noch angemessen, dem Postamt das Ermessen zu übertragen, eine solche Aufteilung vorzunehmen, da das Postamt ein offensichtliches Interesse auf dem Spiel hat und sein Ziel immer darin besteht, die Eisenbahnlöhne auf ein Minimum zu reduzieren.

Die letzte vorstehende Aussage wird vollständig durch die auf den vorstehenden Seiten offengelegten Tatsachen gerechtfertigt, die zeigen, wie konsequent sich das Postamt auf Kürzungen der Bahnpostgebühren als stets verfügbare Quelle gewünschter Kostenkürzungen verlassen hat und wie erfolglos sich die Eisenbahnen dagegen gewehrt haben anhaltender Druck. Sie zeigen, dass aufeinanderfolgende Generalpostmeister jede rechtliche Möglichkeit ausgenutzt haben, beispielsweise die längste gesetzlich zulässige Zeitspanne zwischen den Postverwiegungen und die strenge Auslegung des Gesetzes zur Festsetzung der Zahlungsgrundlagen (Seite 19), um Ermäßigungen zu bewirken im Bahnpostlohn. Folglich deuten die Tatsachen unwiderstehlich auf eine Schlussfolgerung hin, nämlich darauf, dass es sich bei der Postverwaltung um eine bürokratische Einrichtung handelt, deren Interesse an der Reduzierung der an die Eisenbahnen gezahlten Beträge mit einer unparteiischen Feststellung einer gerechten Entschädigung unvereinbar ist. Dieses Interesse, gepaart mit der kurzen Amtszeit der verantwortlichen Beamten des Ministeriums, muss letztere immer dazu veranlassen, unzureichende Standards für die Bezahlung der Post zu unterstützen und sie daran hindern, die letztendliche Notwendigkeit einer fairen Bezahlung für einen effizienten Dienst anzuerkennen. Es wäre daher eindeutig unzweckmäßig und auffallend ungerecht, die Einnahmen aus der Eisenbahnpost vollständig der Gnade des Ministeriums zu überlassen, indem ein Gesetz erlassen würde, das jeden Generalpostmeister ermächtigen würde, die Bezahlung der Eisenbahnpost auf der Grundlage seiner eigenen Untersuchungen und Meinungen festzulegen Bereich, in dem so viel der Schätzung und Annäherung überlassen bleiben muss wie der der relativen oder tatsächlichen Kosten der verschiedenen Arten von Eisenbahndiensten.

Es wird eingeräumt, dass jeder Eisenbahnpostvertrag zwischen der Regierung, die der Souverän ist, und einem Bürger geschlossen wird und dass Art und Bedingungen des Vertrags immer im Wesentlichen von der Regierung diktiert werden. Aber genau diese Bedingung beruft sich auf den Grundsatz der primären Gerechtigkeit, dass der Souverän darauf achten muss, seine Macht ohne Unterdrückung auszuüben. Zu diesem Zweck sollte die Festlegung der Bedingungen, unter denen das Postamt die wesentlichen Dienstleistungen der Eisenbahnen in Anspruch nehmen kann, wie zumindest teilweise in der Vergangenheit dem Kongress vorbehalten bleiben oder, falls überhaupt delegiert, damit beauftragt werden an ein Büro oder eine Regierungsbehörde, die nicht direkt und unmittelbar daran interessiert ist, die Bezahlung der Bahnpost unter eine gerechte und angemessene Entschädigung zu senken.

ANHANG A.
AUSZÜGE AUS DEN POSTGESETZEN UND - VORSCHRIFTEN.

„Eisenbahngesellschaften stellen an Bahnhöfen, an denen Transferbeamte beschäftigt sind, geeignete und ausreichende Räume für die Bearbeitung und Lagerung der Post bereit, und zwar ohne besondere Gebühr dafür. Diese Räume werden beleuchtet, beheizt, möbliert, mit Eiswasser versorgt und in Ordnung gehalten." durch die Eisenbahngesellschaft. Abschnitt 1186, zweiter Absatz.

„Die spezifischen Anforderungen des Dienstes hinsichtlich ... benötigtem Platz ... an Bahnhöfen, Einrichtungsgegenständen, Möbeln usw. werden jederzeit von der Postabteilung festgelegt und durch den General Superintendent of Railway Mail Service bekannt gegeben. " Abschnitt 1186, dritter Absatz.

„Eisenbahngesellschaften werden von ihren Mitarbeitern, die die Post bearbeiten, verlangen, Aufzeichnungen über alle Beutel zu führen, die von ihnen empfangen oder versandt werden sollen, und die Beutel zum Zeitpunkt des Empfangs oder Versands zu überprüfen, mit der Ausnahme, dass keine Aufzeichnungen über a geführt werden müssen einzelner Beutel von einem Zug oder Bahnhof zur Post oder von der Post zu einem Zug oder Bahnhof, der im Regelfall der einzige Beutel ist, der sich zu diesem Zeitpunkt in der Obhut der Mitarbeiter des Unternehmens befindet, während er von ihnen gehandhabt wird. Dies ist nicht so auszulegen, dass es die Eisenbahngesellschaften davon entbindet, dass ihre Mitarbeiter in den Zügen ausnahmslos Aufzeichnungen über alle von ihnen gehandhabten geschlossenen Taschen führen und ordnungsgemäß überprüfen müssen." Abschnitt 1187, erster Absatz.

„Falls ein fälliger Beutel nicht eintrifft, sollte ein Mangelbeleg ausgefertigt werden, in dem die Ursache des Ausfalls erläutert wird, und anstelle des fehlenden Beutels nachgeschickt werden. Spezifische Anweisungen zur Verwendung von Mangelbelegen werden vom Generalkommissar erteilt des Eisenbahnpostdienstes. Abschnitt 1187, zweiter Absatz.

„Jede Unregelmäßigkeit beim Empfang und Versand von Post sollte der Mitarbeiter unverzüglich seinem Vorgesetzten melden, und wenn ein wahrscheinlicher Verlust oder eine Beschädigung der Post vorliegt oder wenn die Ursache für den unterlassenen Erhalt einer Tasche nicht bekannt ist, ist dies zu melden sollte per Überweisung erfolgen, und der Superintendent wird den Abteilungsleiter des Railway Mail Service unverzüglich benachrichtigen. Eine Kopie des Berichts des Mitarbeiters sollte der permanenten Aktenakte beigefügt werden und Teil dieser werden." Abschnitt 1187, dritter Absatz.

„Die Aufzeichnungen über die Zugtaschen werden im Hauptquartier der Abteilungsleiter der Eisenbahngesellschaften für mindestens ein Jahr unmittelbar nach dem Datum, an dem die von ihnen erfasste Post bearbeitet wurde, aufbewahrt und müssen dort für Postinspektoren und andere Bedienstete der Post zugänglich sein Büroabteilung . Die Aufzeichnungen der Stationstaschen werden in der Station, bei der sie beantragt werden, mindestens ein Jahr lang unmittelbar nach dem Datum, an dem die von ihnen erfasste Post bearbeitet wurde, aufbewahrt und müssen dort für Postinspektoren und andere Bedienstete der Post zugänglich sein Büroabteilung." Abschnitt 1187, vierter Absatz.

„Eisenbahnunternehmen werden von ihren Mitarbeitern verlangen, dass sie den Postinspektoren und anderen ordnungsgemäß akkreditierten Vertretern des Postamts auf Verlangen und Vorlage ihrer Berechtigungsnachweise von ihren Mitarbeitern die Beutelaufzeichnungen zur Prüfung vorlegen." Abschnitt 1187, fünfter Absatz.

„Jede Eisenbahngesellschaft ist verpflichtet, die Post von allen Endpostämtern entgegenzunehmen und dort abzugeben, unabhängig von der Entfernung zwischen Bahnhof und Postamt, außer in Städten, in denen das Postamt andere Vorkehrungen für einen solchen Dienst trifft . In allen Fällen, in denen das Ministerium keine anderen Bestimmungen getroffen hat, wird die Entfernung zwischen dem Endpostamt und dem nächstgelegenen Bahnhof als Teil der Route berechnet und bezahlt." Abschnitt 1191, erster Absatz.

„Die Eisenbahngesellschaft muss außerdem die Post von allen Zwischenpostämtern und Poststationen entgegennehmen und dort abliefern, die nicht mehr als achtzig Meilen von der nächstgelegenen Eisenbahnstation entfernt sind, an der die Gesellschaft einen Agenten oder anderen Vertreter beschäftigt, und die Gesellschaft darf dies nicht tun von dieser Pflicht entbunden, weil eine Agentur ohne 30-tägige Vorankündigung gegenüber dem Ministerium eingestellt wurde." Abschnitt 1191, zweiter Absatz.

„An Anschlusspunkten, an denen die Bahnhöfe nicht mehr als achtzig Stangen voneinander entfernt sind, muss ein Unternehmen, das Post auf seinem Zug hat, die vom Anschlusszug weitergeleitet werden soll, diese Post umladen und im Anschlusszug abliefern, oder, wenn die Verbindung nicht unmittelbar besteht." , um sie dem Vertreter des Unternehmens zu übergeben, damit sie ordnungsgemäß mit den Zügen des Unternehmens abgefertigt werden können." Abschnitt 1192.

„An Orten, an denen Eisenbahnunternehmen verpflichtet sind, die Post abzuholen und in Postämtern oder Poststationen abzugeben oder sie an Anschlussbahnen weiterzuleiten, sind die mit der Erbringung dieser Dienste beschäftigten Personen Vertreter der Unternehmen und keine Angestellten des Postdienstes." und müssen nicht vereidigt werden; solche Personen müssen jedoch älter als sechzehn Jahre sein und über die entsprechende Intelligenz und den entsprechenden Charakter verfügen. Postmeister werden jeden Verstoß gegen diese Anforderung unverzüglich melden." Abschnitt 1193.

„Wenn es wünschenswert ist, dass die Post vom Postamt oder der Poststation zur Schulung an einem Terminalpunkt abgeholt wird, an dem der Terminaldienst dem Unternehmen obliegt, muss das Unternehmen vor dem regulären Versandzeitpunkt einen solchen Vorschuss leisten Lieferung, wie es aufgrund der Anforderungen des Dienstes erforderlich ist. Abschnitt 1194.

„Wenn ein beim Postamt beschäftigter Bote nicht auf einen verspäteten Zug warten kann, ohne andere Post zu verpassen, muss die Eisenbahngesellschaft die Post für den verspäteten Zug übernehmen und versenden und ist für die eingehende Post verantwortlich, bis sie zugestellt wird der Bote oder ein anderer bevollmächtigter Vertreter der Abteilung." Abschnitt 1195.

„Immer wenn die Post auf einer Eisenbahnstrecke spät in der Nacht eintrifft, muss die Eisenbahngesellschaft sie in einem sicheren Raum oder in einer sicheren Wohnung des Depots oder Bahnhofs aufbewahren, bis sie am nächsten Morgen zugestellt werden muss im Postamt oder an den Postboten des Postamtes, und zwar so früh, wie es die Erfordernisse des Postamtes erfordern." Abschnitt 1196.

„Wenn ein Zug in der Nacht nach 9 Uhr von einem Bahnhof abfährt und es als notwendig erachtet wird, die Post mit diesem Zug versenden zu lassen, entscheidet der Abteilungsleiter des Railway Mail Service, wo die Post abgeholt und zugestellt wird Wenn Sie von der Eisenbahngesellschaft zum Postamt gebracht werden, bitten Sie die Gesellschaft, die Post zu einem Zeitpunkt zum Bahnhof zu bringen, der Ihrem Interesse am besten dient, oder, wenn ein Postbote oder Zusteller bei der Postabteilung beschäftigt ist, ihn anzuweisen, die Post zum Bahnhof zu bringen Der Postdienst. Solche Post wird vom Agenten oder einem anderen Vertreter der Eisenbahngesellschaft übernommen, der sie bis zum Eintreffen des Zuges an einem sicheren Ort aufbewahren und dann dafür sorgen muss, dass sie ordnungsgemäß versandt wird." Abschnitt 1197, erster Absatz.

„Der Abteilungsleiter des Railway Mail Service wird den zuständigen Beamten der Eisenbahngesellschaft rechtzeitig im Voraus benachrichtigen, damit der oder die Vertreter der Gesellschaft ordnungsgemäß unterrichtet werden können." Abschnitt 1197, zweiter Absatz.

„Von Eisenbahnunternehmen wird erwartet, dass sie ihre Postwagen an Punkten aufstellen, die für Postboten oder Auftragnehmer für den Wagendienst zugänglich sind. Wenn die Wagen nicht so platziert sind, müssen die Unternehmen die Post von den Boten oder Auftragnehmern an zugänglichen Punkten entgegennehmen und ihnen zustellen." zum Wagen des Boten oder Auftragnehmers." Abschnitt 1198.

„Ein Postzug darf keine Post herausziehen und zurücklassen, die gerade auf den Wagen geladen wird oder von der der Schaffner oder Zugführer weiß, dass sie von Waggons oder einem Teil des Bahnhofs zu den Waggons transportiert wird." Abschnitt 1199.

„An allen Punkten, an denen Züge nicht halten, wenn das Postamt den Austausch von Post für notwendig erachtet, muss eine für den Postdienst zufriedenstellende Vorrichtung zum Empfang und zur Zustellung von Post aufgestellt und gewartet werden; bis zur Errichtung einer solchen Vorrichtung muss die Geschwindigkeit angepasst werden Die Anzahl der Züge muss gelockert werden, um einen sicheren Austausch zu ermöglichen. Abschnitt 1200, erster Absatz.

„In allen Fällen, in denen das Ministerium es für den sicheren Austausch der Post als notwendig erachtet, muss die Eisenbahngesellschaft die Geschwindigkeit reduzieren oder den Zug anhalten." Abschnitt 1200, zweiter Absatz.

„Wenn Nachtpost von einem Kran eingefangen wird, muss die Eisenbahngesellschaft die Laterne oder das Licht zur Verfügung stellen, die am Kran befestigt werden, und diese in ordnungsgemäßem Zustand halten, regelmäßig aufstellen und anzünden; wenn die Gesellschaft jedoch keinen Vertreter oder Angestellten an dieser Station hat, Das Unternehmen muss das Licht bereitstellen, und die Pflege und Platzierung desselben obliegt dem Spediteur des Ministeriums. Abschnitt 1200, dritter Absatz.

„Der Lokführer eines Zuges muss durch einen Pfiff oder ein anderes Signal seine Annäherung an einen Postkran rechtzeitig ankündigen." Abschnitt 1200, vierter Absatz.

„Eisenbahngesellschaften sind verpflichtet, in jedem Zug ohne besondere Gebühr alle Posttaschen, Postzuschnitte, Briefpapier, Vorräte sowie alle ordnungsgemäß akkreditierten Vertreter der Postabteilung und Postinspektoren bei Vorlage ihrer Beglaubigungen zu befördern." Abschnitt 1184.

ANHANG B.
KLASSIFIZIERUNG DER BETRIEBSAUSGABEN.

(Daten aus Berichten der Interstate Commerce Commission.)

Durchschnittliche Kosten pro Leitungsmeile.

Klasse	Geschäftsjahr 1910		November 1909		Monatlicher Durchschnitt für die anderen elf Monate des Geschäftsjahres	
	Menge	Monatlicher Durchschnitt	Menge	Prozent. des Monatsdurchschnitts des Geschäftsjahres	Menge	Prozent. des Monatsdurchschnitts des Geschäftsjahres
Instandhaltung von Wegen und Bauwerken	1.562,88 $	130,24 $	124,04 $	95,24	130,80 $	100,43
Wartung der Ausrüstung	1.746,00	145,50	148,44	102.02	145,23	99,82
Verkehrskosten	220,61	18.38	18.85	102,56	18.34	99,78
Transportkosten	2.893,71	324,48	327,78	101.02	324,18	99,91
Allgemeine Kosten	287,71	23,98	23.10	96,33	24.06	100,33
Gesamt	7.710,91 $	642,58 $	642,21 $	99,94	642,61 $	100,00

EINNAHMEN AUS DEM PASSAGIER- UND GÜTERVERKEHR NACH MONAT.

(Daten aus Berichten der Interstate Commerce Commission.)

Monat	Fahrgasteinnahmen pro Streckenmeile			Frachteingänge pro Streckenmeile			Prozent. von Passagiereingängen zu Einnahmen von Passagieren und Fracht
	Gesamt	Täglicher Durchschnitt	Prozent. des Tagesdurchschnitts für das Jahr	Gesamt	Täglicher Durchschnitt	Prozent. des Tagesdurchschnitts für das Jahr	
1909, Juli	251,66 $	8,12 $	112.15	608,67 $	19,63 $	88,46	29.25
Aug.	269,70	8,70	120.17	653,97	21.10	95.09	29.20
Sept.	254,95	8.50	117,40	704.51	23.48	105,81	26.57
Okt.	231,80	7.48	103.31	781,91	25.22	113,65	22.87
Nov.	206,69	6,89	95,17	752,69	25.09	113.07	21.54
Dez.	211,55	6,82	94,20	640,59	20.66	93.11	24.83
1910, Jan.	187,42	6.05	83,56	618.06	19.94	89,86	23.27
Febr.	171,92	6.14	84,81	603,76	21.56	97,16	22.16
Marsch	202.61	6.54	90,33	716,76	23.12	104.19	22.04

April	203,84	6,79	93,78	658,93	21.96	98,96	23.63
Mai	218,47	7.05	97,38	682,96	22.03	99,28	24.24
Juni	233,25	7,78	107,46	674,97	22.50	101,40	25.68
Durchschnitt	220,32 $	7,24 $	100,00	674,81 $	22,19 $	100,00	24.61

ANHANG D.
WIE DIE EISENBAHNLÖHNE gestiegen sind.

Im Jahr 1901 erhielten die der Interstate Commerce Commission unterstellten Eisenbahnen aus Betriebsquellen einen Bruttobetrag von 1.588.526.037,00 US-Dollar und gaben für Löhne und Gehälter einen Betrag von 610.713.701,00 US-Dollar aus; im Jahr 1910 betrugen die entsprechenden Gesamtbeträge 2.750.667.435,00 $ und 1.143.725.306,00 $. Berechnungen anhand dieser Summen zeigen, dass die Eisenbahnen im Jahr 1901 38,45 US-Dollar pro 100,00 US-Dollar Bruttobetriebseinnahmen für Löhne und Gehälter aufwendeten, während sich der Anteil im Jahr 1910 auf 41,58 US-Dollar erhöht hatte, was einer Differenz von 3,13 US-Dollar pro 100,00 US-Dollar Bruttoeinnahmen entspricht. Dieser Unterschied scheint nicht gering zu sein, wird aber kaum erkannt, es sei denn, es wird berechnet, dass er sich auf der Grundlage der Bruttoeinnahmen von 1910 auf eine zusätzliche Ausgabe von 86.095.890,72 $ belaufen würde. Es ist zu bedenken, dass diese weitgehend gestiegene Bezahlung der Arbeit trotz der Tatsache erfolgt, dass ein Teil des Anstiegs der Lohnsätze durch eine höhere Effizienz der Methoden und Einrichtungen ausgeglichen wurde. Es folgen Vergleiche der Lohnsätze aus den jährlichen statistischen Berichten der Interstate Commerce Commission:

Klasse der Mitarbeiter	Durchschnittlicher Lohn pro Tag		
	1901	1910	Prozent erhöhen.
Allgemeine Bürokaufleute	2,19 $	2,45 $	11.87
Stationsagenten	1,77	2.14	20,90
Andere Stationsmänner	1,59	1,91	20.13
Ingenieure	3,78	4.34	14.81
Feuerwehrmänner	2.16	2,57	18.98
Dirigenten	3.17	3,73	17.67
Andere Eisenbahner	2,00	2,72	36.00
Maschinisten	2.32	3.03	30,60

Tischler	2.06	2.39	16.02
Andere Ladenmänner	1,75	2.20	25.71
Abteilungsleiter	1,71	1,99	16.37
Andere Trackmen	1.23	1,57	27.64
Telegraphenbetreiber und Disponenten	1,98	2.16	9.09
Mitarbeiter, Konto schwimmende Ausrüstung	1,97	2.10	6,60
Alle anderen Angestellten und Hilfskräfte	1,69	1,96	15,98

ANHANG E.
WIE DIE EISENBAHNSTEUERN gestiegen sind.

(Daten aus Berichten der Interstate Commerce Commission.)

Jahr	Gezahlter Betrag	Durchschnitt pro gefahrener Meile	Prozent. der Nettoeinnahmen
1900	48.332.273 $	251,00 $	8.7
1901	50.944.372	260,50	8.6
1902	54.465.437	272.12	8.3
1903	57.849.569	281,76	8.4
1904	61.696.354	290,69	9.0
1905	63.474.679	292,55	8.5
1906	74.785.615	336,36	8.8
1907	80.312.375	353.09	8.9
1908 (1)	84.555.146	366,84	10.7
1909 (1)	90.529.014	384,57	10.1
1910 (1)	103.795.701	430,99	10.3

(1) Ohne Terminal- und Switching-Unternehmen.

ANHANG F.
SENAT DER VEREINIGTEN STAATEN

11. September 1912.

Mein lieber Herr:

Ich übergebe Ihnen hiermit eine Kopie des Senatsgesetzes Nr. 7371, das von mir auf Anweisung des Senatsausschusses für Postämter und Poststraßen eingebracht wurde und einen vom Postamt empfohlenen Plan zur Festlegung der an Eisenbahnunternehmen für den Transport zu zahlenden Entschädigung enthält der Mails. Dieses allgemeine Thema wurde an einen gemeinsamen Ausschuss des Kongresses verwiesen. Der Ausschuss hat sich noch nicht organisiert und wird dies wahrscheinlich auch in einigen Wochen nicht tun, aber als Mitglied dieses Ausschusses und als Vorsitzender des Senatsausschusses für Postämter und Poststraßen und unter der Autorität der Senatsresolution Nr. 56 möchte ich sicherstellen unverzüglich alle Informationen, die dem Ausschuss bei seiner ersten Sitzung zur Vorlage zur Verfügung stehen. Ich bitte Sie daher, die folgenden Fragen zu beantworten:

(1) Halten Sie den vorliegenden Entschädigungsplan für gerecht zwischen der Regierung und den Eisenbahnen? Wenn nicht, in welcher Hinsicht und in Bezug auf welche Eisenbahnklassen ist es ungerecht?

beigefügten Gesetzentwurf dargelegte Grundprinzip des Plans eine angemessene Grundlage für eine Entschädigung? Wenn nicht, worin ist es unangemessen und warum?

(3) Was ist Ihrer Meinung nach ein wünschenswerter Plan, um Eisenbahnunternehmen für den Transport der Post zu entschädigen?

Ich wünsche eine baldige Antwort auf diese Anfragen im Zusammenhang mit dem allgemeinen Plan, und wenn Sie dazu jetzt nicht bereit sind, freue ich mich, wenn Sie später eine ausführliche Diskussion dieses Gesetzentwurfs und des Repräsentantenhausdokuments Nr. 105, 62. Kongress, einreichen , 1. Sitzung, mit der Sie, wie ich annehme, vertraut sind.

Mit freundlichen Grüßen

(Sgd.) JONATHAN BOURNE , JR.,

Vorsitzender des Senatsausschusses. auf Postämtern und Poststraßen.

ANHANG G.

3. Oktober 1912.

Hon. Jonathan Bourne , Jr.,
Vorsitzender des Senatsausschusses für Postämter und Poststraßen,
Washington, DC

Sehr geehrter Herr:—

Der Ausschuss für Eisenbahnpostentgelte, der 268 Straßen vertritt, die über 214.275 Straßenmeilen verkehren, untersucht das Thema der Postentschädigung seit etwa drei Jahren, oder seit das Postamt im Jahr 1909 eine Reihe von Fragen bezüglich des bereitgestellten Raums verschickte für Postsendungen in Personenzügen und die Kosten, die den Eisenbahngesellschaften für den Dienst entstehen, den sie für die Regierung bei der Beförderung der Post erbringen. Deshalb hat das Komitee gedacht, dass es für Sie von Interesse wäre, von ihm eine Antwort auf die Fragen zu erhalten, die in Ihrem Brief vom 11. September 1912 an die Eisenbahnbeamten im ganzen Land gestellt wurden.

Eine Antwort auf das Dokument Nr. 105 des Repräsentantenhauses befindet sich derzeit in Vorbereitung und wird bald eingereicht. In der Zwischenzeit möchte unser Ausschuss die folgenden Antworten auf Ihre Anfragen übermitteln:

Frage 1 : Halten Sie den gegenwärtigen Entschädigungsplan für gerecht zwischen der Regierung und den Eisenbahnen? Wenn nicht, in welcher Hinsicht und in Bezug auf welche Eisenbahnklassen ist es ungerecht?

Antwort. — Das bestehende Gesetz hat sich nie zum Nachteil der Regierung ausgewirkt, ist aber aufgrund seltener Abwägungen den Eisenbahnen nicht gerecht geworden; Bei fast 40 Prozent fehlt der Lohn. der Fläche, die als Wanderpostämter genutzt wird; die unentgeltliche Erbringung von Neben- und Terminalkurierdiensten und die ungerechtfertigte Lohnkürzung durch das Gesetz des Kongresses vom 2. März 1907, ergänzt durch die Verordnung Nr. 412 des Postmaster General, zur Änderung des Divisors.

Das vorliegende Gesetz basiert auf korrekten Grundsätzen, sollte jedoch so geändert werden, dass Folgendes vorgesehen ist:

(a) Für die Aufhebung des Gesetzes vom 2. März 1907.

Ungeachtet der starken Steigerung aller anderen Posten im Zusammenhang mit der Verwaltung des Postamts wurde die Bezahlung der Eisenbahnen als einziges Element dieser Operationen zur Konzentration der Volkswirtschaften herausgestellt . Dies auch angesichts der Tatsache, dass die Betriebskosten der Eisenbahnen durch die gesetzlichen Anforderungen in Bezug auf Stahlausrüstung und einen allgemeinen Kostenanstieg, der für alle Geschäftsvorgänge charakteristisch ist, erheblich gestiegen sind.

(b) Für jährliche Wägungen und eine eindeutige und gerechte Methode zur Ermittlung der täglichen Durchschnittsgewichte.

Im Rahmen der alle vier Jahre stattfindenden Verwiegung wird das gesamte erhöhte Postgewicht während der nächsten vier Jahre von den Eisenbahnen ohne jegliche Entschädigung befördert, was offensichtlich unfair ist.

jederzeit Wagenplätze und -einrichtungen für das *maximal* angebotene Gewicht bereitstellen , zahlen jedoch nur für das *durchschnittlich* beförderte Gewicht. Die Anordnung des Generalpostmeisters zur Abdeckung des Divisors hat diesen *Durchschnitt zu Unrecht verringert* .

Diese Bestimmung ist im Wesentlichen notwendig im Hinblick auf den Gesetzentwurf zur Errichtung der Paketpost, der am 1. Januar 1913 in Kraft tritt und dazu führt, dass der Verkehr, für den die Eisenbahngesellschaften jetzt eine Entschädigung erhalten, aus dem Expressdienst herausgenommen und auf den Postdienst übertragen wird; Der erwähnte Gesetzentwurf sah keine Zahlung an die Eisenbahngesellschaften für die erhöhte Tonnage vor, die in Postwaggons befördert werden sollte, obwohl eine solche Regelung für die Sternstrecken und den Stadtwaggondienst vorgesehen war.

(c) Für die Bezahlung von Apartmentwagen auf einer Grundlage, die den Service kompensiert.

Dass der Generalpostmeister selbst die Gerechtigkeit einer solchen Änderung anerkannt hat, geht aus dem folgenden Zitat von Seite 3 des Repräsentantenhausdokuments Nr. 105 hervor:

„* * * Für Eisenbahnpostwagen kann ein zusätzlicher Betrag gewährt werden, wenn der Raum für Verteilungszwecke 40 Fuß oder mehr der Wagenlänge einnimmt. Für Raum für Verteilungszwecke, der weniger als 40 Fuß der Wagenlänge einnimmt, ist keine zusätzliche Entschädigung zulässig . Diese Unterscheidung ist rein willkürlich und hat keinen logischen Grund für ihre Existenz."

(d) Für eine angemessene Vergütung der Eisenbahnen für den Neben- und Endkurierdienst, den sie für das Postamt erbringen , entsprechend dem Wert dieses Dienstes für das Postamt.

Die Notwendigkeit hierfür wird auch durch die Einrichtung der Paketpost unterstrichen, die zweifellos die Kosten des Dienstes erheblich erhöhen wird.

(e) Dass alle Lohnsätze endgültig sein sollten und nicht dem Ermessen der Beamten der Postabteilung unterliegen sollten.

Nach dem geltenden Gesetz bestehen weitere Ungleichheiten, die jedoch eher auf die Verwaltungsmethoden als auf das Gesetz selbst zurückzuführen sind.

Frage 2 : Ist das im beigefügten Gesetzentwurf dargelegte Grundprinzip des Plans eine geeignete Grundlage für eine Entschädigung? Wenn nicht, worin ist es unangemessen und warum?

Antwort. – Das Grundprinzip des im Senatsgesetz Nr. 7371 enthaltenen Plans ist nicht korrekt. Jeder Vergütungsplan basiert auf Betriebskosten und Steuern, zuzüglich sechs Prozent. auf Gewinn ausgerichtet ist, ist grundsätzlich falsch, da es keine Rendite auf das eingesetzte Eigentum berücksichtigt.

Darüber hinaus ist ein solcher Plan nicht korrekt, da er beinhaltet, die höchsten Tarife an die Eisenbahn zu zahlen, die aufgrund von körperlichen Behinderungen oder ineffizienten Methoden am teuersten betrieben wird, und die niedrigsten Tarife an die Bahn zu zahlen, deren Betrieb am effizientesten ist und deren Service am zufriedenstellendsten ist und wertvoll für die Postabteilung. Nach dem vorgeschlagenen Plan würde eine Eisenbahngesellschaft für alle Investitionsausgaben bestraft, die sie zur Senkung ihrer Betriebskosten tätigt, denn je mehr sie ihre Betriebskosten senkt, desto stärker würde sie ihre Postlöhne senken, allerdings durch diese Verbesserung Aufgrund der Betriebskosten wäre ein zusätzlicher Kapitalaufwand angefallen, auf den Dividenden oder Zinsen gezahlt werden müssten.

Die Ermittlung der Kosten, die einer Eisenbahn für die Durchführung des Postdienstes entstehen, ist zwangsläufig weitgehend eine Frage des Ermessens und der Meinung, da ein großer Teil der gesamten Betriebskosten gemeinsame Ausgaben für den Güter- und Personenverkehr sind und nur annähernd auf diesen verteilt werden können Für eine solche Aufteilung gibt es verschiedene Formeln. Es wäre weder richtig noch angemessen, dem Postamt die Wahl der Formeln zur Ermittlung dieser Kosten zu überlassen, da das Postamt ein offensichtliches Interesse auf dem Spiel hat und stets darauf abzielt, die Eisenbahnentgelte auf a zu senken Minimum.

Die geschätzten Kosten einer bestimmten Dienstleistung sind keine geeignete Grundlage für die Festlegung der Tarife für den Transport einer

Ware. Die Eisenbahnen haben Anspruch auf eine vollständige und angemessene Gegenleistung für den Wert der erbrachten Leistung, und die Ermittlung der Kosten dieser Leistung dient vor allem dem Schutz vor der Festlegung konfiskatorischer Tarife.

Frage 3 : Was ist Ihrer Meinung nach ein wünschenswerter Plan zur Entschädigung der Eisenbahnunternehmen für den Posttransport?

Antwort : Das bestehende Gesetz ist seit fast vierzig Jahren in Kraft, und diejenigen, die danach gearbeitet haben, sind mit seiner Funktionsweise mehr oder weniger vertraut. Wenn es geändert würde, um schwerwiegende Ungerechtigkeiten zu korrigieren, wie in der Antwort auf Frage 1 vorgeschlagen, und von der Postbehörde fair und unparteiisch verwaltet würde, wäre es jedem unerprobten oder theoretischen Plan vorzuziehen, der vorgeschlagen werden könnte.

Mit freundlichen Grüßen,

COMITEE ON RAILWAY MAIL PAY,

von

(unterzeichnet) RALPH PETERS ,

amtierender Vorsitzender .

FUSSNOTEN:

[A] Die Notwendigkeit, aus dem Einkommen für bestimmte Verbesserungen zu sorgen, wird allgemein anerkannt. Die Öffentlichkeit fordert ständig mehr Komfort und Bequemlichkeit, was nur durch Verbesserungen an Eigentum und Ausstattung erreicht werden kann, die keine zusätzlichen Einnahmen bringen. Ein aktuelles Beispiel für den Postdienst selbst ist der große Aufwand, den die Eisenbahnen jetzt auf sich nehmen, wenn sie die früher verwendeten durch Stahlpostwagen ersetzen. Die alten Wagen, die somit einen Totalverlust darstellten, entsprachen bei ihrer Herstellung voll und ganz den modernsten Konstruktionsstandards und konnten noch lange Zeit ihren Dienstzwecken dienen, abgesehen von der öffentlichen Nachfrage nach stärkeren Wagen.

[B] Eine Autofußmeile ist eine Einheit, die der Bewegung eines Fußes in der Autolänge (unabhängig von Breite oder Höhe) eine Meile entspricht. Wenn man also ein Auto mit einer Länge von 60 Fuß eine Meile bewegt, erhält man 60 Automeilen; Dasselbe Auto drei Meilen zu bewegen, ergibt 180 Autofußmeilen usw.

[C] Möglicherweise gibt es bei diesem Posten eine gewisse Überschneidung, aber um sie zu beseitigen, wäre eine aufwändige Berechnung erforderlich, die angesichts der großen Spanne der Ausgaben gegenüber den Einnahmen völlig überflüssig ist. Welche Duplikate auch immer vorliegen, muss im Vergleich zu diesem Spielraum gering sein.

[D] Dies ist der Betrag, der vom Generalpostmeister auf der Grundlage des belegten Zugplatzes aufgeteilt wurde. Er schätzte die gesamten Betriebskosten und Steuern des Personenzugverkehrs für den Monat auf 40.121.294,83 US-Dollar (Dokument Nr. 105, Seite 280). Von diesem Gesamtbetrag wurden 21.993,06 US-Dollar direkt den Postdiensten und 3.025.129,77 US-Dollar direkt den anderen Personenzugdiensten in Rechnung gestellt, so dass der im Text angegebene Betrag auf Raumbasis aufgeteilt werden muss.

[E] Dokument Nr. 105, S. 53.

[F] Dieser Gesamtbetrag umfasst 9.993,19 US-Dollar, die von vier Unternehmen gemeldet wurden, die Gesamtsummen für diese Posten angegeben, die Posten jedoch nicht separat gemeldet haben.

[G] Daten, die einige der Lohn- und Steuererhöhungen belegen, sind in den Anhängen D und E enthalten.